Emmis erste Eisenbahnreise

Ein Bilderbuch
Gemalt von Romain Finke
Mit Fotos von Valeska Schneider-Finke
Erzählt von Aulikki Bannwart

Otto Maier Verlag Ravensburg

In den Osterferien fährt Emmi mit ihren Eltern zur Großmutter. Die wohnt weit weg. Das Auto lassen sie zu Hause.
„Im Zug muß ich nicht stillsitzen, und ich kann herumlaufen und machen, was ich will", freut sich Emmi, „und wir werden gefahren!"
Zum ersten Mal wird eine gemeinsame Reise mit der Eisenbahn gemacht. Ihre vorbestellten Platzkarten und die Schlafwagenkarten hat Vater abgeholt. Am Reisetag geben sie ihren schweren Koffer am Bahnhof auf. Zusammen mit anderen Koffern wird er auf einem gelben Transportwagen zum Gepäckwagen des Zuges gebracht. Um ihren Koffer braucht sich die Familie nun nicht mehr zu kümmern. Was sie während der Fahrt brauchen, hat Mutter in der Reisetasche.

Emmi nimmt Spielsachen in ihrem Kinder-Koffer mit. Sie konnte ihn beinahe nicht alleine zumachen, so voll hatte sie ihn gepackt.

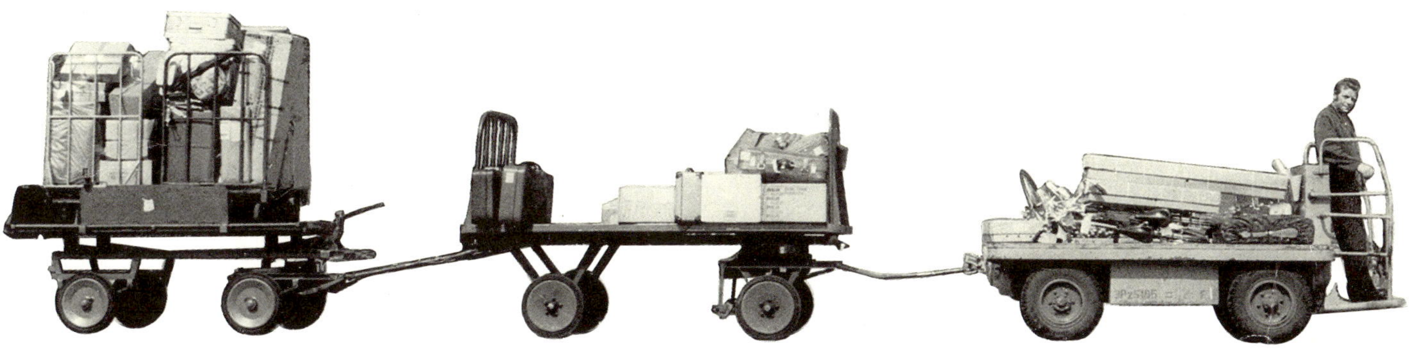

ANN
PELSTILZ
HAMBURG HBF
HAMBURG HBF
ERFRISCHUNGEN
CAFE
FRUITS · FRÜCHTE
Gleis 11
Hamburg Milano
16.40
Kurswagen Lindau
Hamburg Paris
17.10
Gleis 12
Kurswagen Basel
HBF
2
ZOO

HICKS !
SEDAN
ZEB
ZEITSCHRIFTEN · JOURNAL
MODEBAZAR
LUNETTE · BRILLE
BOULANGERIE · BÄCKEREI · BISTRO · BAR
FEINKOST
D
E
E
JOURNAL - PRESS
Milch - Lait
CACAO

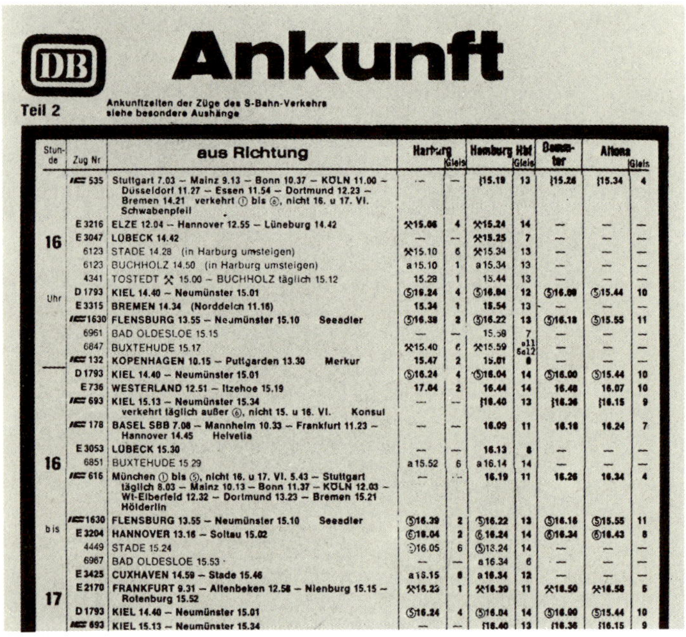

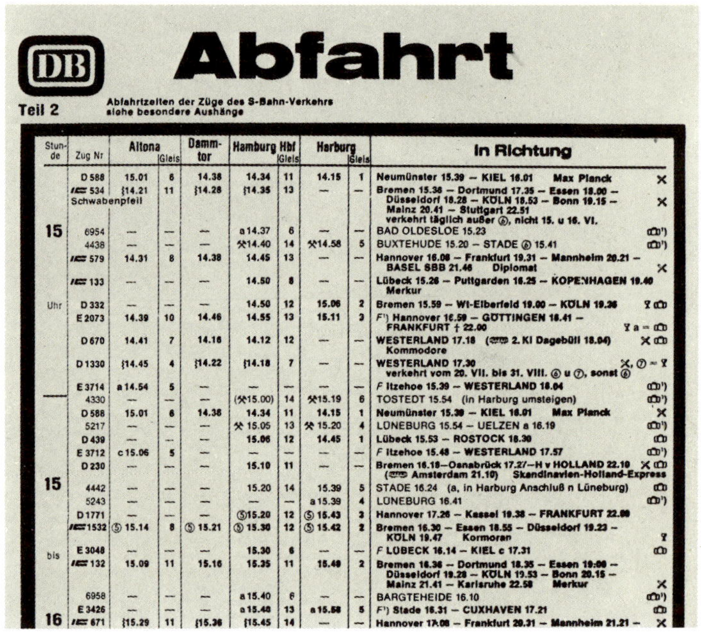

Die Züge fahren nach einem genauen Fahrplan. Sie haben feste Ankunfts- und Abfahrtszeiten. Überall im Bahnhof hängen die Fahrpläne aus. Auf den großen Bahnhofsuhren kann man sehen, ob man noch Zeit hat. Im Bahnhof ist alles in Bewegung. Die Leute fahren ab und kommen an. Manche stehen herum. Vielleicht warten sie, daß sie in ihren Zug einsteigen können oder sie warten auf jemanden, der mit einem Zug ankommt. Auf einem großen Bahnhof kann man alles kaufen: Blumen, Lebensmittel, Zeitungen aus aller Welt, Bücher und vieles mehr. Auch spät am Abend noch, wenn alle anderen Geschäfte in der Stadt schon längst geschlossen haben.

Die Bahnsteige sind sehr lang, weil die Züge auch sehr lang sind. Oft sind die vorbestellten Sitzplätze in einem Wagen am Ende des Bahnsteigs. Dann ist man froh, wenn man einen Koffer-Kuli erwischt und sein Gepäck nicht tragen muß. Auf dem Koffer-Kuli haben viele Koffer nebeneinander und übereinander Platz.

Die Zeitung

Das Abteil hat sechs Plätze. Emmi möchte ans Fenster. Eine ältere Dame sitzt schon im Abteil. Die Eltern machen es sich bequem. Der Schaffner auf dem Bahnsteig sorgt dafür, daß alle Türen geschlossen sind, und daß niemand mehr im letzten Moment einsteigt, wenn der Zug schon fährt. Das Signal vor dem Bahnsteig steht auf grün. Alles ist in Ordnung. Da pfeift der Aufsichtsbeamte und gibt dem Lokomotivführer mit seiner Kelle grünes Licht zum Losfahren. Auf einmal weiß Emmi nicht, ob der Zug nebenan sich bewegt oder ob es schon ihr Zug ist.

Tatsächlich! Sie fahren langsam aus dem Bahnhof heraus. Emmi sitzt mit dem Rücken zur Fahrtrichtung. Die Räder quietschen, wenn sie sich in einer Kurve gegen die Schienen pressen. Die Schienen sind der Weg des Zuges, und die Abzweigung, wo sich der Weg teilt, ist die Weiche. Als Emmis Wagen über die Weiche fährt, ruckt er.

Bald kommt der Schaffner. Er ist blau angezogen und fragt mit lauter Stimme: „Ist hier jemand zugestiegen?“ Emmi gibt ihm die Fahrkarten. Er stempelt sie mit einer Zange und gibt sie wieder zurück.

Emmi schaut aus dem Fenster. Bald sausen sie an einem Bahnübergang vorbei. An diesen Stellen, wo die Bahnlinie die Straße kreuzt, hat der Zug Vorfahrt. Die Schranken werden heruntergelassen, sobald sich ein Zug nähert. Gleichzeitig blinkt ein rotes Warnlicht und eine Warnglocke bimmelt.
Die Autos warten hinter den Schranken, bis der Zug vorbei ist. Emmi hat auch schon oft im Auto gesessen vor einer Bahnschranke und versucht, die vorbeifahrenden Wagen zu zählen. „Dieses Mal ist es umgekehrt“, denkt sie. „Ich sitze im Zug und die Leute in den Autos zählen die Wagen.“
Plötzlich wird es dunkel. Emmi hört ein Rauschen. Sie sind in einem Tunnel. Der Zug fährt in einen Berg hinein und auf der anderen Seite wieder heraus.

110 329-0

2
266
Hamburg
MILANO
Kurswagen Lindau
WC

Emmi wird es im Abteil zu langweilig. Sie geht auf den Gang und läuft dort hin und her. Dabei klappt sie die kleinen gepolsterten Sitze aus der Wand und wagt sich bis zum Vorraum am Ende des Wagens. Dort gibt es viele Türen. Durch die Toilettentür geht Emmi hinein. Sie stampft auf den Fußhebeln herum, bis in das Waschbecken Wasser läuft. Plötzlich rauscht es auch in der Toilettenschüssel.

„Da geht ja eine Klappe auf! Ich könnte beinahe die Schienen sehen. Vater hat gesagt, ich darf das Klo nur während der Fahrt benutzen", sagt Emmi zu sich selbst und setzt sich drauf.

„Jetzt möchte ich mich mal an einen gedeckten Tisch setzen und in aller Ruhe etwas essen“, sagt Mutter. „Na, dann laß uns in den Speisewagen gehen“, meint Vater. Emmi ist neugierig auf den Speisewagen. Sie machen sich auf den Weg.

Emmi und die Eltern müssen durch viele Wagen laufen. Zwischen den Wagen schaukelt es. Sie schwanken von einem Bein zum anderen. Die Laufgänge sind eng. Emmi macht sich dünn, wenn ein Dicker entgegenkommt.
„Im Speisewagen sieht es ja aus wie in einem Restaurant“, denkt Emmi. Aus einer Speisekarte sucht

die Familie aus, was sie essen möchte. Emmi will eine Flasche Saft, um den Flaschen- und Glashalter auszuprobieren.
Die alte Dame im Abteil möchte nichts Warmes essen. Sie wickelt ihre belegten Brote aus und kauft sich beim Mini-Bar-Wagen einen heißen Kaffee. Der Mini-Bar-Mann gießt ihren Kaffee in einen großen Plastikbecher, Sahne und Zucker bekommt sie in kleinen Tüten. Der Mann mit der Mini-Bar kommt immer wieder durch alle Wagen. Außer Kaffee gibt es bei ihm auch Tee, kalte Getränke, Kuchen, Kekse und Süßigkeiten. Beim nächsten Mal möchte sich Emmi die dicken doppelten Kekse mit Schokolade dazwischen kaufen.

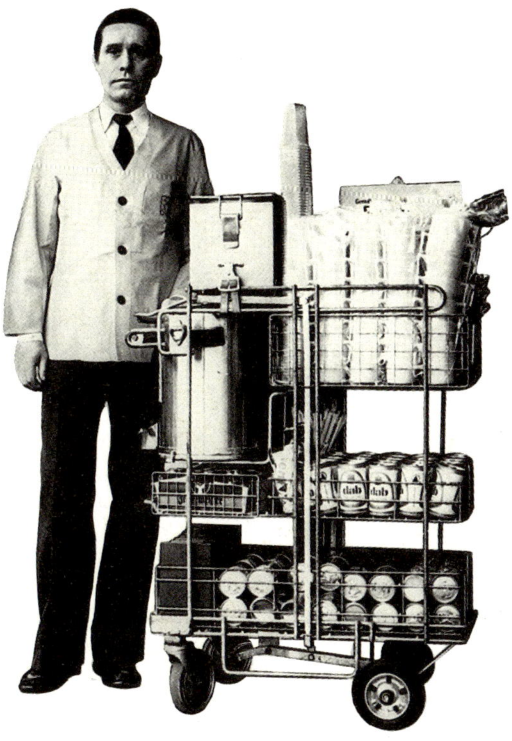

Nach dem Essen verschwindet Vater hinter seiner Jacke und versucht zu schlafen. Mutter liest. Emmi probiert die freien Sitzplätze aus. Sie setzt sich neben die alte Dame und zeigt ihre Spielsachen. Emmi erzählt, daß sie nur wenige Sachen mitnehmen konnte. Dann sprechen sie von zu Hause und wie es ist, eine so lange Eisenbahnreise zu machen.

Bald fahren sie an einem Güterbahnhof vorbei. Die ganze Familie geht ans Fenster. Es ist ein Bahnhof nur für Züge, die Güter transportieren. Sie transportieren beinahe alles: Kohle, Holz, Öl, Benzin, Gas, Kleider, Möbel, Obst und Fleisch, lebendige Tiere, Klaviere, Autos, Kräne und Boote, Briefe, Pakete und vieles mehr.

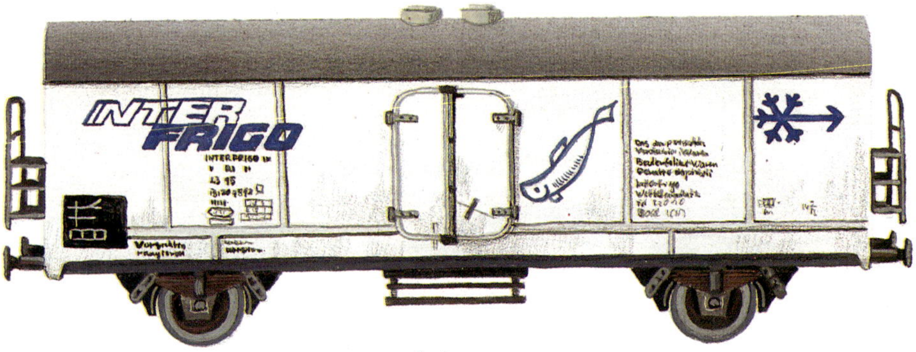

Kühlwagen

Kesselwagen

Kranwagen

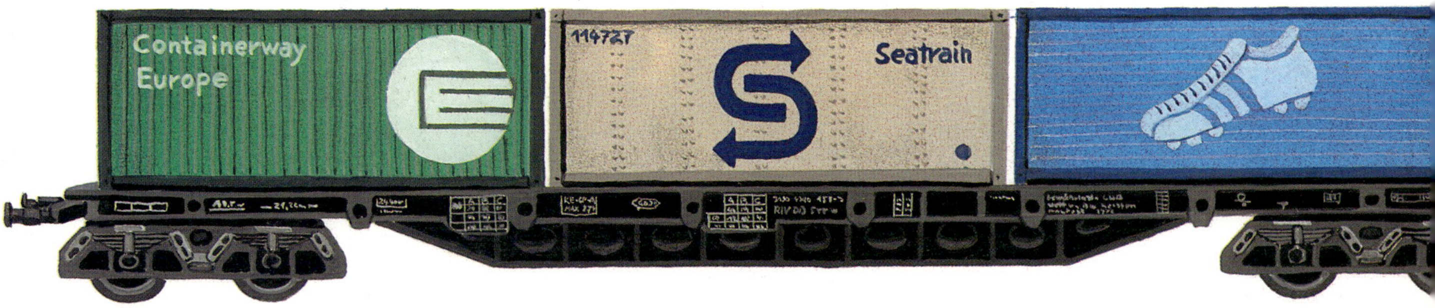

Transportwagen für Container

Transportwagen für Bananen

Pritschenwagen für Röhren

Autotransporter

Lore für Sand oder Kies

Güterwagen

Kohlewagen

Transportwagen für Getränke

In der Nähe einer größeren Stadt wird der Zug immer langsamer. Schließlich hält er vor einem roten Signal. Das rote Signal bedeutet Halt. Der Lokomotivführer muß auch, wie der Autofahrer, auf Verkehrszeichen achten. Der Zug wartet so lange auf der Strecke, bis ein anderer Zug, der Vorfahrt hat, vorbeigefahren ist. Erst dann fährt er in den Bahnhof hinein.

„Wann sind wir endlich da?“ fragt Emmi. „Bleiben wir wirklich die ganze Nacht im Zug?“

Spät, als die Insbettgehzeit
von Emmi eigentlich schon vorüber
ist, geht Emmi mit den Eltern
in den Schlafwagen. Sie nehmen
alle ihre Sachen mit.

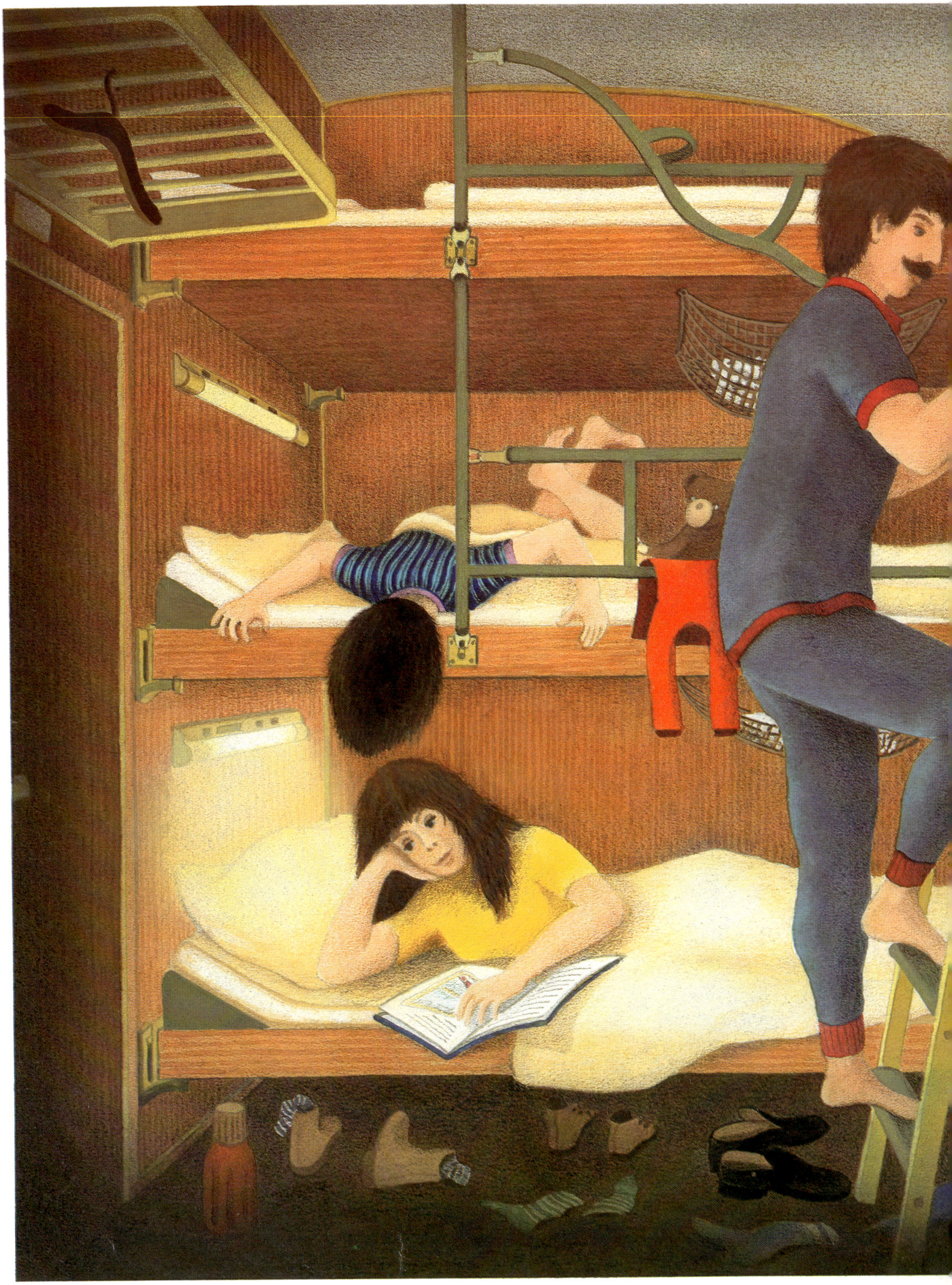

Die Betten sind frisch bezogen,
nur etwas schmaler als zu Hause.
Emmi zieht ihr Nachthemd an und
hüpft ins Bett. Sie legt sich hin
und macht die Augen zu.
Sie versucht zu spüren, ob ihr
Bett wackelt. Emmi hört das
Schlagen der Räder. Sie ist auf-
geregt. Sie denkt an das Umsteigen
und ob der Hund von Großmutter
auch zum Bahnhof kommt. Und
dann fragt sie Mutter noch:
„Wird uns der Schlafwagenschaffner
auch bestimmt wecken?“

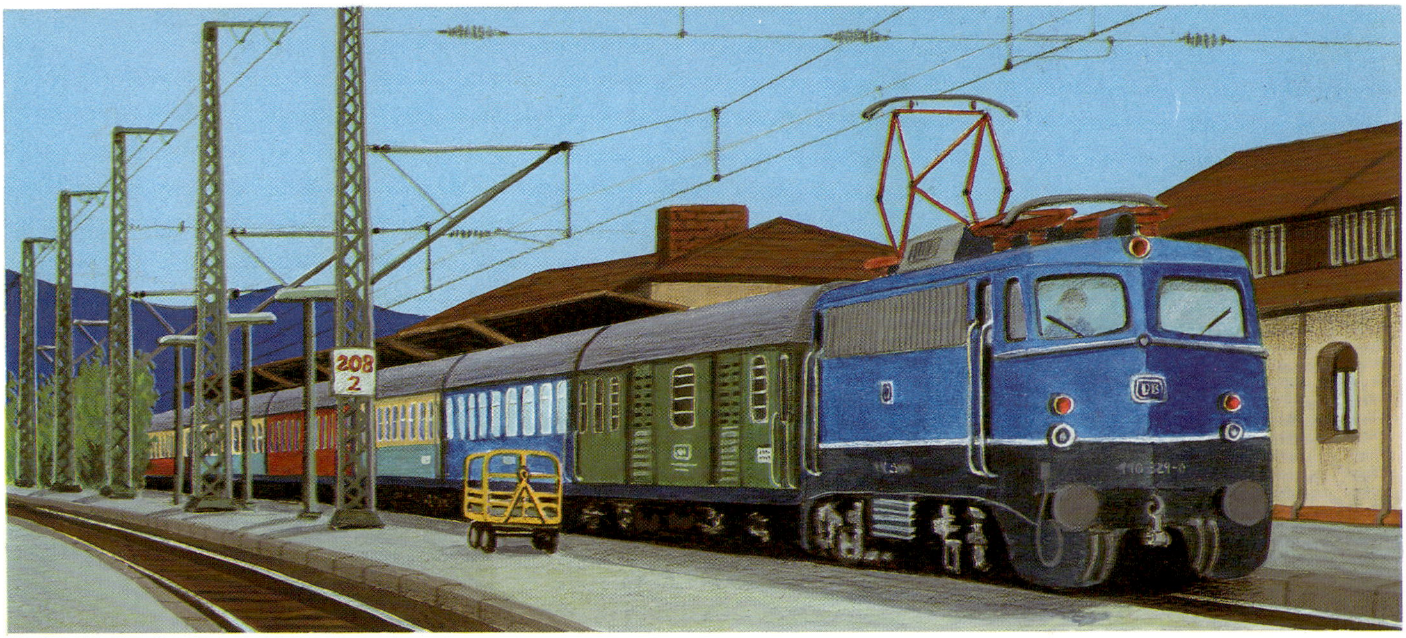
208
2

Der Zug fährt ruhig durch die Nacht. Die Reisenden schlafen, manche dösen nur. In den meisten Abteilen sind die Lichter gelöscht, aber die Laufgänge bleiben die ganze Nacht hell. Im Abteil des Schlafwagenschaffners bleibt es auch hell, weil er wach bleiben muß.

Kurz nach Sonnenaufgang kommt der Schaffner und weckt Emmi und die Eltern. Sie machen schnell eine Katzenwäsche und ziehen sich hastig an. Die Nachthemden werden in die Reisetasche gestopft.

Nur ein paar Leute steigen mit ihnen aus. Die kühle Morgenluft bläst Emmi den Schlaf aus den Augen. Der Vorortzug, mit dem sie weiterfahren wollen, wartet schon auf dem gegenüberliegenden Bahnsteig. Emmi steigt als erste ein. Sie können sich aussuchen, wo sie sitzen möchten. Leute, die mit demselben Schienenbus zur Arbeit fahren, steigen hinzu.
„Wann sind wir endlich da?“ fragt Emmi.
„Die halbe Stunde wirst du auch noch aushalten“, sagt Vater und muß dabei aber an den guten Kaffee bei Großmutter denken.

Überlingen-Ost

Lange bevor der Zug anhält, steht Emmi mit den Eltern vor der Tür im Gang. Emmi möchte gern als erste die Großmutter auf dem Bahnsteig entdecken. Zuerst steigt Vater aus. Er hilft Emmi und Mutter die steilen Stufen herunter.
Emmi sieht tatsächlich als erste die Großmutter, die ihnen weit vorne auf dem Bahnsteig entgegenkommt. Der Hund Eugen zieht an der Leine. Emmi rennt der Großmutter in die Arme, und Eugen springt an Emmi hoch. Der Hund will Emmi an der Backe lecken.
„Pfui, Eugen, runter mit dir!" ruft Großmutter, „aber ich weiß, du willst auch die Emmi begrüßen."
Die Eltern und die Großmutter umarmen sich und erzählen gleich von der langen Reise.
Der große Koffer ist auch schon angekommen. Vater holt ihn von der Gepäckausgabe im Bahnhofsgebäude ab. Sie gehen durch eine alte Holzpforte aus dem Bahnhof heraus. Emmi sieht den Zug im Tunnel verschwinden.

3 83 82
Redaktion: Gisela Stottele

Printed in Germany
ISBN 3-473-33800-1